Anne LAF__

LA PASSION D'UNE VIE

Michel LAFARGE
Vigneron en Bourgogne

La Passion d'une Vie   Michel Lafarge Vigneron en Bourgogne

Tout au long de sa vie, mon père, Michel Lafarge, a exercé, avec passion, son métier de vigneron à Volnay, en Bourgogne. Fidèle à sa parole, je me suis efforcée de poser ses propos sur les pages qui suivent, afin de vous offrir, ami lecteur, amoureux de la Bourgogne, le plaisir de les découvrir.

Anne Lafarge

La Passion d'une Vie   Michel Lafarge   Vigneron en Bourgogne

Quelle savoureuse découverte
de lire ses pensées et ses paroles
enveloppées d'amour et de poésie !
Merci Anne.

A l'aube de ma dixième décennie, lorsque je me retourne, je m'aperçois que la route est longue, mais le temps écoulé me paraît bref. Apparente contradiction ! Lorsque la vie est traversée avec passion, la notion du temps disparaît.

Agrémentées de plaisirs et d'épreuves, les années se sont suivies et ainsi, près d'un siècle s'est écoulé en donnant naissance à une grande variété de millésimes. Quel bonheur de voir ses efforts récompensés par la générosité de la nature et quelle satisfaction de réussir un *grand vin,* qui procure émotion et plaisir à l'amateur averti !

Soumis aux effets du temps, l'être évolue et le corps change. En revanche, intemporelle, l'âme ne s'altère pas. La forme que revêt la passion, dont la source est intarissable, se transforme au fil de la vie. L'engourdissement silencieux des membres lui offre une autre couleur.

Devenu spectateur des joies et des tracas de la vie quotidienne du vigneron, mes journées sont encore rythmées par l'activité du domaine, qui est aujourd'hui dirigé par mon fils Frédéric, accompagné de son épouse Chantal. Et lors des vendanges, mon cœur vibre encore intensément !

La connaissance de temps lointains et de pratiques révolues attise la curiosité des jeunes générations. C'est ainsi que l'idée de ce livre a germé. Je dédie ce témoignage à mes petits-enfants, qui vivront dans un monde différent de celui que j'ai connu, de nouveaux enjeux et de nouveaux défis apparaissent en permanence, telle est la loi de la vie. Je le dédie tout particulièrement à ma petite-fille Clothilde, qui a maintenant rejoint le domaine.

Michel Lafarge

1. Hier

Dès ses plus jeunes années, intéressé par les multiples travaux de la vigne et de la cave, mon père envisageait de suivre la voie tracée par son père et son grand-père. « E*nfant, je savais ce que je ferais plus tard, je serais vigneron. C'était une évidence.* » raconte mon père, le regard pétillant. Ses deux frères, Bernard et Jean-Marc, appréciaient le vin et s'intéressaient aux vendanges, mais ne souhaitaient pas travailler la vigne. Or, le métier de vigneron commence dans la vigne.

Né à la veille de la grande crise économique de 1929, mon père connut une enfance simple et paisible, à Volnay, au sein d'une famille de vignerons. Au cours des années trente, le marasme économique sévissait dans tout le pays, l'effondrement des cours, suivi de la mévente des vins, accablait les vignerons. Protégé de ces préoccupations d'adulte, l'enfant, qu'il était, aimait son environnement quotidien.

A l'école communale, il acquit des connaissances, mais passa des heures à jouer, car le jeune maître, dépassé par les multiples enseignements à prodiguer aux différents cours de sa classe, laissait une grande liberté à ses élèves.

Mutilé par un éclat d'obus lors de la Grande Guerre, le Père Thévenot, très apprécié des villageois, fut en charge de la paroisse volnaysienne, pendant quarante-quatre ans, de 1917 à 1961. Avant-gardiste passionné de cinéma, il projetait des documentaires sur des contrées lointaines, ainsi que les *Aventures de Tintin*. Enchantés, les enfants attendaient le jeudi avec impatience, afin de découvrir les tribulations de ce reporter intrépide. Dans les années trente, une telle ouverture sur le monde était probablement peu fréquente à la campagne.

Les joies procurées par le cinéma furent vite oubliées, car la guerre éclata lors de ses premières années de collège à Beaune. Aux yeux de ses parents, les nombreuses alertes ajoutées aux perturbations des transports scolaires, dues aux routes enneigées et glissantes, n'étaient pas propices à une bonne scolarité. Leur choix se porta sur l'École Saint-Lazare à Autun, seule école de la région à proposer un internat, les autres établissements ayant cessé d'accueillir des pensionnaires, faute d'approvisionnement pour les nourrir.

Une autre vie allait commencer ! Des professeurs exigeants, des horaires stricts, des dortoirs insuffisamment chauffés, des douches gelées en plein hiver, et surtout des assiettes invariablement identiques, topinambours, pois cassés, lentilles... agrémentées de viande deux fois par semaine, car l'École avait tissé des liens privilégiés avec des agriculteurs de la région. Chaque matin, le même petit déjeuner, un morceau de pain, accompagné d'un bouillon de poireau, un bol d'eau chaude dans lequel nageaient deux petits morceaux de poireaux !

Rebelle, la jeunesse a le talent de moquer les générations précédentes avec imagination. Ainsi, les professeurs portaient des surnoms évocateurs, *Le Coq,* cassant et péremptoire, ou *Le Chat,* malicieux et altier, aux propos piquants et humiliants. Leur comportement, rigide et désuet, était souvent accompagné de paroles impérieuses et méprisantes. Ce professeur, au regard indolent, menaçait ses élèves en répétant à l'envi, « *l'animal n'est pas méchant, mais quand on l'attaque, il se défend* », ce qui incitait les collégiens à le titiller.

Nombre de blagues cocasses et saugrenues virent le jour. A l'issue d'une minutieuse préparation, la simulation d'un tremblement de terre dans la classe marcha à merveille, le tableau se décrocha du mur, l'estrade trembla et le bureau se renversa.

L'étonnement lu sur le visage du professeur combla tous les instigateurs, mais l'explosion de sa colère retentit probablement, encore à ce jour, à leurs oreilles. À la hauteur de l'enjeu, la punition collective s'étala sur plusieurs semaines.

La rentrée des classes précédait les vendanges, le déchirement était d'autant plus intense. De retour pour Noël et pour Pâques, les trimestres étaient très longs. La vie à Volnay lui manquait, alors son esprit vagabondait. « *Comment la vigne pousse-t-elle ? Comment va le cheval ? Que fait-il aujourd'hui ?* » Il s'imaginait le déroulement des journées de son père... et rêvait à sa future vie de vigneron.

*

A l'annonce de la déclaration de guerre à l'Allemagne, le dimanche 3 septembre 1939, mes grands-parents furent désemparés. Cela recommençait ! Il ne faut pas oublier qu'aujourd'hui nous vivons en temps de paix depuis plus de soixante-dix ans, mais les générations précédentes n'ont jamais connu une période de paix aussi longue. Chaque génération connaissait les affres de la guerre. Dès que la paix revenait, le silence s'imposait, car on voulait oublier la souffrance, mais les empreintes restaient visibles sur les corps et gravées dans les mémoires.

Mobilisé à l'âge de dix-huit ans, en 1917, mon grand-père fit la fin de la première guerre mondiale, dans la région des Ardennes. Il se lia d'amitié avec des soldats lorrains et eut la chance de revenir en bonne santé, à la différence de son frère, Léon, qui fit presque toute la guerre et qui rentra souffrant, suite aux produits chimiques lâchés sur les tranchées par l'armée allemande, dont les gaz provoquèrent détresse respiratoire et lésions pulmonaires.

Ayant déjà connu l'invasion au cours des décennies précédentes, ses amis lorrains, abattus et stupéfiés, décidèrent de fuir leur région, au mois de juin 1940. Ils firent une halte à Volnay. A la suite de conversations avec ses amis, mon grand-père décida de partir. « *Où allions-nous ? Nous ne le savions pas. Il fallait partir !* » relate mon père, le visage tendu, laissant transparaître l'inquiétude vécue au moment de ce départ brutal. Épouvantés, d'innombrables français déferlaient sur les routes. La débâcle de l'armée française, suivie de l'exode des populations, fut une période effroyable.

En cette belle journée de juin 1940, mon père, ses deux frères, ses parents, ainsi que son grand-père, à la santé fragile, se serrèrent dans la voiture et roulèrent toute la journée en direction du Sud. Le soir, toute la famille dormit chez des amis, dans un village nommé Vauban, situé à côté de Saint-Christophe-en-Brionnais. Après de longues discussions, les adultes, anxieux et tendus, décidèrent de rentrer à Volnay, dès le lendemain matin.

A l'approche du village, le silence pesant devint sinistre. Chacun comprit que les Allemands étaient là. Non seulement, les soldats étaient dans les rues, mais avaient envahi les maisons, en particulier *la maison.* Quel choc !

Les soldats leur permirent de s'installer dans deux chambres et accordèrent à ma grand-mère la possibilité d'utiliser la cuisine une à deux heures par jour, en fonction de leurs besoins.

11

C'était terrifiant. Ils avaient tous les droits. Inquiets, mes grands-parents tentaient d'apaiser leur fils Jean-Marc, âgé de dix-huit mois, qui souffrait de ces aléas.

De plus, les soldats descendaient à la cave, ouvraient des bouteilles et buvaient bruyamment. Ils avaient transporté le piano sur la terrasse et faisaient la fête chaque soir. Les bouteilles vides s'entassaient dans la cour. Anéanti de vivre une telle situation, mon arrière-grand-père perdit la santé et décéda quelques mois plus tard.

Cette situation se prolongea deux semaines, puis heureusement, ces soldats quittèrent Volnay. A l'arrivée du régiment suivant, des ordres précis furent transmis. L'accès aux caves et aux cuisines des villageois fut interdit. Afin de se sustenter, les soldats se rendaient sur la place du village, où une *roulante*, installée à côté de la mairie, distribuait des repas.

N'outrepassant pas les consignes, ils se comportèrent, à l'égard de la famille, de manière plus décente. Les longs mois de cohabitation furent pénibles, mais supportables.

*

Le jeudi 7 septembre 1944, l'armée française entra dans Volnay par la rue du Pied de la Vallée, en arrivant de Monthelie par le chemin des vignes, après avoir libéré Meursault et les villages alentour.

A l'entrée d'Auxey-Duresses, elle coupa la route et intercepta une colonne de soldats allemands, qui se dirigeait vers Beaune. L'affrontement fut sanglant.

Visitant chaque maison, les soldats vérifiaient que tous les Allemands avaient quitté les lieux. En fin de journée, la ville de Beaune n'était pas libérée. Afin de surveiller et de défendre la région, l'armée française installa ses chars à flanc de coteaux, en choisissant des emplacements stratégiques.

Les tanks, aux chauffeurs très précautionneux, montèrent le *Clos du Verseuil* les uns derrière les autres, en endommageant un nombre limité de rangs de vigne, afin de se poster en *Taille Pieds* et en *Clos des Chênes*, en position de tir, prêts à riposter en cas d'attaque.

Heureux de leur présence, les vignerons allèrent à leur rencontre et leur offrirent des bouteilles de Volnay. Ceux-ci les remercièrent, mais les prièrent de rentrer rapidement chez eux et de se mettre à l'abri, car la situation restait dangereuse. Ces véhicules blindés restèrent positionnés toute la nuit, afin de protéger Volnay et les villages environnants.

« L'inquiétude était palpable et justifiée. Les habitants redoutaient un bombardement, les obus auraient détruit le village, situé dans la zone de tir. La cave servit de refuge à la famille. La nuit fut très longue. » se souvient mon père, le visage grave.

13

Le lendemain matin, la nouvelle se répandit très vite. Les Allemands remontaient vers le Nord, ils avaient quitté Beaune au cours de la nuit. Ainsi la région beaunoise fut libérée le vendredi 8 septembre 1944.

Ce temps est heureusement lointain, très lointain. Mais il ne faut pas oublier que la paix s'est installée grâce à une volonté fermement souhaitée des deux côtés du Rhin. Les dirigeants des années cinquante crurent en l'Europe et insufflèrent aux populations un nouvel état d'esprit.

Localement, de nombreux événements furent organisés pour réconcilier les deux peuples. Dans la région, la plupart des communes se jumelèrent avec des villages situés dans le vignoble de Rhénanie-Palatinat.

La politique de jumelage fut une réussite. Des liens respectueux s'instaurèrent rapidement, puis des relations cordiales, voire amicales, se tissèrent au fil des années.

*

Dans les années après-guerre, mon père termina sa scolarité, complétée par des cours d'œnologie par correspondance, dispensés par l'école agricole d'Angers.

Puis, s'ensuivit un long service militaire au Maroc. Après un séjour d'une semaine à Marseille, dans des conditions insalubres, l'affectation à un régiment de tirailleurs marocains commença de se préciser lors de la traversée de la Méditerranée.

Durant les classes, les manœuvres intensives furent particulièrement éprouvantes. Les longues marches dans les dunes de sable, en pleine chaleur ou de nuit, paraissaient interminables. A base de conserves de sardines, l'alimentation insuffisante et déséquilibrée pesait sur le moral des troupes.

Clin d'œil du destin, il revint pendant les vendanges 1949. Il faisait beau et chaud, les raisins étaient magnifiques. La grande année 1949 succédait à deux belles années de la décennie quarante, 1945 et 1947.

Après les maigres récoltes des années de guerre, ces trois grands millésimes permirent de remplir à nouveau les caves et de relancer l'économie de la région.

*

Lors de sa jeunesse, mon père avait observé la relation féconde, entre son père et son grand-père. A l'écoute l'un de l'autre, ils échangeaient régulièrement leurs points de vue et prenaient toujours leurs décisions en se concertant.

Il se réjouissait de partager ses journées de travail avec son père, mais celui-ci, davantage passionné par la vinification, choisit de se lancer dans une nouvelle aventure, en acceptant le poste de régisseur des Hospices de Beaune.

« L'année 1950 fut l'année de ma première vinification et l'année de la première vinification de mon père, Henri Lafarge, aux Hospices de Beaune » précise mon père, en se remémorant cette année décisive.

Recueillir l'avis de son père était très important à ses yeux, car les meilleures décisions reposent sur une fine observation, et de multiples interprétations peuvent découler d'une simple observation. Ces échanges harmonieux lui permettaient de profiter de l'expérience et du talent reconnu de vinificateur de son père.

« Heureux et épanoui dans cette nouvelle fonction, il fut régisseur jusqu'en 1965. Par ailleurs, maire de Volnay de 1945 à 1965, ses journées bien remplies ne l'empêchaient pas de suivre, avec intérêt, mon travail. Jusqu'à la fin de sa vie, il resta très impliqué dans la vie du domaine.

D'un tempérament bon vivant, mon père était un homme de contact, qui savait être à l'écoute et qui avait une grande capacité d'adaptation.

J'appréciais son attitude à mon égard, car, à cette époque, dans de nombreuses familles, les parents décidaient et les enfants obéissaient sans broncher. Ne pouvant émettre un avis face à l'autorité paternelle, nombre d'enfants se résignaient à accepter les choix et les décisions de leurs parents.

Son ouverture d'esprit et sa bienfaisante bonhomie masquaient une rare exigence dans le travail et une extrême rigueur dans la vie quotidienne, fondée sur des hautes valeurs morales » confie mon père, reconnaissant de l'éducation que lui ont donnée ses parents.

*

Au début des années cinquante, les méthodes de travail et les outils à la disposition de mon père avaient peu évolué, ils étaient proches de ceux utilisés par les générations précédentes. Il ne savait pas qu'il allait bénéficier, au cours de la décennie qui s'ouvrait, des bienfaits de multiples inventions techniques.

Au fil des années, de nombreuses innovations virent le jour. Mais ayant la chance de vieillir, il a aussi régulièrement constaté les facettes moins glorieuses du progrès. Reconnus néfastes par la suite, de nombreux conseils prodigués à une époque furent souvent oubliés à la période suivante.

« *Il est essentiel de se forger sa propre opinion et de rester fidèle à ses choix.* » Telle fut la ligne de conduite, que mon père suivit tout au long de sa vie.

Mesurant la qualité et la complexité des vins de Bourgogne, il aspirait à faire le meilleur vin possible, à faire des *grands vins*, à l'image de ses aïeux, des vins reflétant la typicité offerte par la singularité des sols et des sous-sols des vignes bourguignonnes, nommée *terroir*.

Doté d'une vision très claire, il savait ce qu'il voulait faire et comment il voulait le faire. Son souhait profond était de s'inscrire dans la continuité de ce qu'avaient initié son père et son grand-père, c'est-à-dire mettre toute la récolte en bouteilles et la commercialiser auprès d'une clientèle directe, alors qu'à cette époque la majorité des vignerons vendaient leur vin aux négociants, quelques mois après les vendanges.

*

Né en 1866, mon arrière-grand-père appartint à une génération qui connut trois guerres ! En 1870, la Côte fut le théâtre de nombreux combats et de plusieurs batailles.

Volnay fut épargné. Généreux et dévoués, ses habitants s'occupèrent des blessés, soignés dans l'école transformée en hôpital.

L'empreinte de la guerre façonna sa personnalité. Pensionnaire au collège Saint-Joseph à Dijon, il se passionna pour ses études, ce qui était rare à ce moment-là, la plupart des vignerons travaillaient après l'école communale.

A la fin du XIXe siècle, il traversa la terrible période du phylloxéra, qui détruisit une grande partie du vignoble français. Cet insecte fit son apparition dans les vignes bourguignonnes en 1878. Les pieds de vigne, aux racines dévastées, périrent les uns après les autres. Afin de tenter d'anéantir le ravageur, du sulfure de carbone fut pulvérisé au pied des ceps, mais ce traitement se révéla, hélas, sans succès. Dès l'année 1887, les dégâts s'étendirent à tout le vignoble bourguignon.

La production de vin s'effondra et les caves restèrent vides. La mise au point de la solution, le greffage sur un porte-greffe américain, prit quelques années. Suite aux replantations, les anciens disaient que les vins étaient différents, qu'ils avaient perdu de leur grandeur et de leur complexité.

Les vignerons prolongeaient au maximum la durée de vie d'une vigne, plantée en *foule*, sans ordre apparent. Au fur et à mesure de la mort des ceps, ceux-ci étaient remplacés par *provignage*, selon la technique du marcottage. Cette opération consiste à courber en terre un sarment du pied voisin, afin de le laisser développer des racines, pour obtenir un nouveau pied de vigne, nommé *provin*. Lié au cep mère, le provin est robuste et vigoureux.

Lors de la replantation, à l'orée du XXe siècle, les pieds de vigne furent alignés pour faciliter le passage du cheval. Les vignes palissées offraient un nouveau visage aux coteaux bourguignons.

Afin de survivre au cours de cette longue période sans récolte, les vignerons les plus fortunés élevèrent des poules et des lapins, achetèrent quelques vaches et cultivèrent des jardins, les autres quittèrent le village. De bon matin, le vacher, employé par la commune, accompagnait toutes les vaches du village paître sur la montagne.

Tout au long de la Côte, les collines, qui dominent les villages, s'appellent des *montagnes.* C'est ainsi que les chemins, qui montent sur la montagne de Volnay, la *Montagne du Chaignot,* se nommaient naguère, *chemin des vaches* et *chemin des ânes,* en fonction des animaux, qui les empruntaient.

Puis, un nouveau désastre s'abattit sur le vignoble. En 1910, le mildiou détruisit toute la récolte et abîma terriblement la vigne, si bien qu'il fut impossible de la tailler l'hiver suivant. Mon aïeul ne récolta aucun raisin en 1911. Quelques vignerons réussirent un très grand millésime, d'une infime quantité.

Vigneron reconnu, il étendit le domaine et fut maire de Volnay de 1908 à 1919. Cette responsabilité, tout au long de la première guerre mondiale, fut une tâche ardue et douloureuse. Il resta marqué par cette période destructrice et meurtrière.

La plupart des familles françaises étaient endeuillées et se rendaient régulièrement sur les tombes de leurs chers disparus. Afin d'honorer la mémoire de ces jeunes hommes, qui ont donné leur vie pour la France, chaque commune érigea un *Monument aux Morts* et fit graver le nom de ses soldats glorieux, tombés entre 1914 et 1918. Celui de Volnay trouva sa place, au centre du village, devant le chœur de l'église, en 1920.

*

La main d'œuvre abondante de cette époque permettait à mon arrière-grand-père d'être aisément secondé dans la culture de la vigne. De ce fait, il vouait une grande part de son temps à ses responsabilités communales, ainsi qu'aux travaux de la cave et à la vente de son vin, en partie commercialisé sur Paris, en petits fûts, en *feuillette*, fût de 114 litres, soit 150 bouteilles, ou en *quart*, fût de 57 litres, soit 75 bouteilles, mais rarement en *pièce*, fût de 228 litres, soit 300 bouteilles, utilisée pour l'élevage des vins dans les caves bourguignonnes. Grâce aux relations nouées lors de ses années d'études dijonnaises, il développa une clientèle régionale et parisienne.

Afin de poursuivre la pratique des générations précédentes, mon arrière-grand-père mettait en bouteilles des vins des meilleures cuvées pour la consommation familiale, ainsi que pour les dégustations.

Dès son plus jeune âge, mon père participait à des réceptions, au cours desquelles des vins remarquables étaient appréciés et commentés, en particulier la grande année 1904, la première belle récolte après la replantation suite au phylloxera, ainsi que les grands millésimes 1915, 1921, 1928 ou 1929.

Enfant, il écoutait avec plaisir son grand-père évoquer les problèmes quotidiens, parler de ses aïeux, déjà vignerons à Volnay au début du XIXe siècle, ou narrer les grands événements que le village avait traversés, en particulier la très grande peur ressentie par la population le 15 juillet 1917, lorsqu'un ouragan d'une extrême violence s'abattit sur la région, engendrant des dégâts considérables.

Homme cultivé et raffiné, doté d'une belle qualité d'expression, il fascinait mon père, qui lui portait une grande admiration.

A son contact quotidien, mon père s'enrichit de son expérience, de ses lectures et des ses rencontres. Il l'entend encore lui conter ses conversations avec l'illustre scientifique, Louis Pasteur.

Originaire de Dole, Pasteur vécut sa jeunesse à Arbois, dans le vignoble du Jura. Amateur de vin, il aimait venir à Volnay rendre visite à ses amis, la famille Boillot, qui lui fournissait des bouteilles de Bourgogne, afin d'effectuer ses recherches sur les micro-organismes de la matière vivante, en particulier du vin, qu'il appréciait, aimant comparer *un repas sans vin à un jour sans soleil.*

Considéré comme l'origine de l'œnologie, ses travaux sur la fermentation alcoolique et sur les maladies des vins furent appréciés du monde viticole. Il expliqua les conditions favorisant le développement de l'acide acétique, découverte qui s'est avérée très utile aux vignerons de son époque, qui ne pouvaient comprendre, à l'issue de la vinification, les raisons des qualités parfois très inégales des cuvées. Cette connaissance se répandit progressivement, améliorant la qualité des vins au sein des cuveries.

*

A la fin des Années Folles, période prospère des années vingt, une nouvelle crise s'annonçait. Les journées noires du *krach boursier* de 1929 marquèrent le début de la plus grande crise économique du XXe siècle.

Au cours des années trente, la dépression entraîna une forte chute de la consommation, qui déclencha une mévente catastrophique des vins.

Mon grand-père se forgea rapidement une vision de l'avenir de la profession et décida de commencer de commercialiser son vin en bouteilles. L'excellente année 1934 fut le premier millésime vendu en bouteilles à des particuliers. Tout d'abord, il sollicita la famille et les amis, puis, au fil des années, le bouche à oreille favorisa le développement d'une clientèle fidèle. De plus, il se rendait régulièrement à Paris, afin de démarcher cavistes réputés et restaurateurs renommés.

La mévente étant considérable, les vignerons tentaient de trouver des idées originales, afin d'écouler les millésimes qui dormaient en cave.

L'idée la plus géniale fut trouvée à Nuits-Saint-Georges : Faire revivre une confrérie bachique, qui célébrerait le vin de Bourgogne lors de banquets conviviaux. C'est ainsi que naquit en novembre 1934, à Nuits-Saint-Georges, la Confrérie des Chevaliers du Tastevin, qui s'installa, après la guerre, dans le château du Clos de Vougeot.

Dans ce cadre somptueux, des milliers d'amateurs de vin de Bourgogne ont, à ce jour, été solennellement intronisés « *Chevalier du Tastevin* ».

Issus des quatre coins du monde, ces nouveaux ambassadeurs de la Bourgogne, sont toujours très heureux de revenir partager cette convivialité fraternelle, au cœur du vignoble. La Confrérie, qui a donné naissance à des Commanderies sur tous les continents, rayonne aujourd'hui sur le monde entier.

*

Flottant au milieu des vignes bercées par la lune, le château du Clos de Vougeot brille de mille feux. En coulisse, les vignerons revêtent leur tenue d'apparat de chantre du vin, et aussitôt leurs soucis s'évaporent. Les repères envolés, le temps s'endort.

Une harangue empreinte d'humour lève le voile sur les talents du postulant, puis dévoile ses qualités de gourmet et son attirance pour les vins bourguignons.

Le cep de vigne à la main, le Grand Maître s'approche, et d'un geste cérémonieux, le pose sur son épaule, en prononçant :

> « *Au nom de Noé, père de la vigne,*
> *de Bacchus, dieu du vin,*
> *de Saint-Vincent, patron des vignerons,*
> *nous vous armons Chevalier du Tastevin.* »

Les trompes de chasse sonnent ce moment inoubliable, le cordon de pourpre et d'or sur la poitrine, l'émotion du nouveau Chevalier transparaît.

Ainsi, l'âme vigneronne conquiert les cœurs et voyage à travers le monde. L'audience terminée, le banquet peut commencer !

Au fond de la cour, le cellier cistercien ouvre ses portes et laisse entrevoir des immenses tables alignées, magnifiquement dressées. Après quelques paroles de bienvenue, ponctuées par le traditionnel souhait « *bon appétit et large soif* », les convives apprécient la première assiette.

Le service raffiné de ce majestueux festin est remarquable. Intermèdes joyeux et mets succulents, accompagnés de *grands vins*, se succèdent harmonieusement.

Sur la scène ornée de la devise des Chevaliers du Tastevin « *Jamais en vain, Toujours en vin* », les vignerons diserts déclament la mine réjouie. Leurs paroles truculentes séduisent, des éclats de rire surgissent de toute part.

Les chansons à boire des *Cadets de Bourgogne*, badins et guillerets, interrompent les conversations enjouées. La bonne humeur et la gaieté résonnent sur les pierres séculaires.

En milieu de soirée, la lumière se tourne vers les hôtes prestigieux, intronisés avec faste par le Grand Conseil. C'est en chœur qu'ils jurent fidélité à la Bourgogne et à ses vins.

Puis, au nom de tous, le Président d'honneur est invité, devant une assemblée attentive, à humer la coupe suprême, avant de la porter à ses lèvres. Un ban bourguignon empli d'allégresse acclame les nouveaux Chevaliers, Commandeurs ou Grands Officiers.

La barrière de la langue est dépassée, la convivialité est à son apogée. La joie se lit sur tous les visages. Puis, tout-à-coup, le temps se réveille et la magie de la fête s'évanouit.

Ô soirée enchanteresse, à jamais gravée dans le cœur de l'amateur de crus bourguignons, charmé par l'accueil haut en couleur des vignerons !

*

Par ailleurs, à cette période, le vignoble français se transforma avec la naissance des *Appellations d'Origine Contrôlée*, communément nommées, les *AOC*. Afin d'élever la qualité des vins français, ce projet fut lancé au début des années trente et aboutit en Bourgogne en 1936.

En vue d'encadrer la production et la commercialisation des vins, les politiques s'appuyèrent sur des vignerons expérimentés, dont la tâche fut de déterminer des critères précis, fiables et adaptés.

Dans chaque région vignoble, des zones géographiques furent très précisément délimitées, les cépages sélectionnés et imposés. Les procédés de culture de la vigne et les méthodes de vinification furent aussi précisément définis, afin de préserver les savoir-faire traditionnels. A cela, s'ajoutèrent des rendements à l'hectare réglementés et un degré alcoolique fixé pour chaque type de vin.

Ainsi, le système des *AOC* encadrait, de manière très rigoureuse, la production des vins en France, ce qui entraîna une hausse générale de la qualité, dans les différentes régions viticoles.

En Bourgogne, le point le plus délicat fut certainement le classement des parcelles, nommées *climats*, étant donné la complexité des *terroirs*. Un consensus fut facilement établi sur les autres critères.

En s'appuyant sur une observation approfondie de plusieurs siècles, des ébauches de classification étaient apparues au cours du XIXe siècle.

En 1855, Jules Lavalle consigna, sur des cartes précises, les terres qui produisaient les meilleures cuvées, classées en *Tête de Cuvée, Première Cuvée, Deuxième Cuvée, Troisième cuvée…*

Toutes les parcelles de chaque village furent étudiées avec minutie et regroupées par catégorie. La nouvelle carte du vignoble fit dorénavant apparaître les *Grands Crus*, les *Premiers Crus*, les *Appellations Village* et les *Appellations Régionales*.

Proposant une hiérarchisation des vins facilement compréhensible par le client, cette clarification fut une réussite. Elle favorisa la progression des ventes de vin en France et à l'étranger.

Certes, le classement bourguignon est un classement complexe, mais il reflète l'extrême richesse et la subtile singularité des *terroirs* bourguignons. L'amateur se prend au jeu et l'étudie souvent avec passion.

La Grande Dépression entraînant la mévente des vins, les vignes s'échangeaient à des prix très bas. Ce fut sans aucun doute la période propice pour entreprendre ce classement. Le sérieux et l'objectivité guidèrent ce travail, les intérêts financiers ou spéculatifs furent minimes.

Si quelques villages ne furent dotés d'aucun *Grand Cru*, alors que certains de leurs meilleurs *climats* étaient répertoriés en *Tête de Cuvée*, c'est certainement dû à un excès d'intégrité des vignerons en charge de cette responsabilité.

Les connaisseurs ont un immense plaisir à savourer les *grands vins*, habillés d'une belle étiquette, mais savent tout autant apprécier les *grands vins*, à l'appellation moins élogieuse, l'implication et le talent du vigneron restant identiques, pour les unes et pour les autres.

« *Étant donné l'évolution de la société, il serait très difficile aujourd'hui de mettre en œuvre un tel classement. Celui-ci connaît peut-être quelques anomalies, mais il a le mérite d'être fidèle aux observations effectuées, année après année, décennie après décennie, depuis des siècles.*

Apporter des modifications serait inévitablement suivi par l'envie d'effectuer d'autres révisions, les limites seraient sans cesse repoussées, et de ce fait, les subtiles nuances traduites dans la classification seraient amoindries.

Ce serait l'ensemble de la région viticole qui, à long terme, serait perdante. » souligne mon père, rappelant l'ampleur et la grandeur de la tâche effectuée à cette époque, et précisant qu'il ne faut pas oublier l'inestimable rôle joué par les moines dans le passé.

Détachés des biens de ce monde, ils sont à la source de la prospérité actuelle de la Bourgogne. Le mystère des prestigieux *terroirs* fut percé grâce à leur incroyable labeur et à leur choix judicieux des cépages, le *pinot noir* et le *chardonnay*, illustres traducteurs des saveurs de la terre bourguignonne. En 2015, cette précieuse richesse fut inscrite à la liste du patrimoine mondial de l'UNESCO, sous le nom *Les Climats du Vignoble de Bourgogne.*

2. L'art du vigneron

Dès la fin des vendanges, le feuillage de la vigne se pare des magnifiques couleurs automnales, qui inspirèrent le joli nom du département de la Côte d'Or. Si le temps est clément, cette symphonie éclatante, aux nuances indéfinissables, se prolonge quelques semaines, émerveillant le touriste qui traverse le vignoble, ou le promeneur qui emprunte les chemins de vigne. Aux premiers froids, les ceps de vigne, dépouillés de leurs manteaux colorés, plongent dans un sommeil profond.

Les hivers rigoureux du siècle précédent, difficilement supportés par la vigne, se sont évanouis. L'hiver le plus froid du XXe siècle fut probablement l'hiver glacial de 1929. Le chauffage central n'étant pas encore installé dans la maison, mes grands-parents restèrent attentifs au feu du poêle, en particulier la nuit, afin que le bébé, qu'était mon père, ne meure pas de froid !
L'étonnant hiver 1956 marqua la mémoire vigneronne. Au mois de février, le thermomètre descendit soudainement au-dessous de moins vingt degrés. Dans une moindre mesure, la rigueur de l'hiver 1985 fit périr quelques pieds de vigne.

Depuis plusieurs décennies, les hivers sont assez doux et les matins où les ceps sont recouverts de neige ou de givre sont rares. A cette période, le vigneron est occupé à tailler.

*

Dès que la vigne entre en végétation, le vigneron regarde le ciel et jette régulièrement un coup d'œil au thermomètre. Certaines années, les *saints de glace* font trembler le vigneron, qui redoute cette période souvent fraîche, de la fin du mois d'avril ou du début du mois de mai, en particulier lorsque le mois d'avril, chaud et ensoleillé, a favorisé une croissance rapide de la vigne.

« Le 7 mai 1957 au petit matin, nous étions heureux de nous rendre au mariage de mon frère Bernard, mais désolés de contempler les vignes des appellations Village et des appellations Bourgogne complètement gelées. Seuls les Premiers Crus furent épargnés. Ce fut le gel printanier le plus tardif que j'aie connu. » se souvient mon père, évoquant les nombreux gels de printemps des années cinquante et des années soixante.

Le gel dévastateur du premier mai 1967 reste aussi inscrit dans sa mémoire, le gel coïncidant avec le décès de son père, qui fut suivi, quelques mois plus tard par celui de sa mère.

« *Ce fut une période douloureuse, mais parallèlement la famille s'agrandissait. La joie de vivre, que nous donnaient les enfants, Frédéric, Anne, Benoît puis Cécile, nous comblait. Ils enchantaient notre quotidien et chassaient les pensées moroses. Frédéric savait déjà qu'il voulait être vigneron, ce qui me réjouissait.*

Me retrouvant seul à la tête du domaine, je fus aidé et soutenu par ma femme, Noëlle, que j'avais épousée au mois d'août 1956. Sa précieuse présence à mes côtés et son engagement généreux furent essentiels au développement du domaine. Je partageais avec elle mes préoccupations quotidiennes et j'appréciais son avis. De tempérament optimiste, elle trouvait toujours une solution. Je savais que je pouvais compter sur elle.

Afin de former le palais des enfants, elle organisait des dégustations à l'aveugle, où chacun devait retrouver les vins du domaine et identifier les intrus ! École de modestie et d'humilité, l'apprentissage de la dégustation permit de passer de savoureux moments familiaux et de transmettre, de façon ludique, des valeurs qui me tenaient à cœur.

Épouse bienveillante et mère aimante, sa finesse d'esprit éclairait mon chemin et sa noblesse d'âme me séduisait. Telle une évidence, elle avait le don de repérer le détail, qui apportait bien-être et réconfort à ceux qui étaient autour d'elle.

Lorsque les tempêtes de la vie déferlaient sur ses proches, son affection et son dévouement tentaient d'apaiser la douleur et la souffrance. Sa vie s'est achevée, à son image, en toute discrétion, au printemps 2013. » raconte mon père, la voix teintée d'émotion.

Pendant une trentaine d'années, le vignoble échappa aux gelées de printemps. La gelée de 1981 est oubliée depuis longtemps. De ce fait, les jeunes générations ne la craignaient plus, alors qu'à cette période le vigneron d'un certain âge sait qu'il peut vivre, au lever du jour, des instants de grande inquiétude.

Ces dernières années en témoignent. Fin avril 2016, la succession de trois gelées matinales, ce qui est assez rare, fut fatale à la récolte. De nouveau, une certaine appréhension fin avril 2017, mais grâce à une action concertée des vignerons, le gel fut évité.

À l'aube dans les vignes, ils allumèrent des feux de paille, dont les fumées protégèrent les bourgeons des rayons du soleil. La récolte fut épargnée et d'autant plus appréciée, par les vignerons de Volnay et des villages avoisinants, que les cinq récoltes précédentes avaient offert de très faibles quantités.

*

Tout au long de la saison, le vigneron accorde une attention particulière à chaque cep. Une présence quotidienne et une implication de tous les instants permet, en fonction de l'humeur du ciel, d'obtenir les meilleurs raisins possibles.

La conduite de la vigne exige du temps, de la réflexion, de l'organisation et de la minutie. Sous le soleil printanier, les rameaux, tout d'abord palissés, sont ensuite liés, puis dirigés entre les fils de fer, qui encadrent leur croissance.

Afin d'aérer la terre et d'éviter aux herbes de foisonner, différents labours se succèdent. Plus ou moins laborieux selon les conditions climatiques de l'année, le travail du sol, indispensable au printemps, favorise ensuite la maturation des raisins. Jadis, lorsque l'exécution était entièrement manuelle, la tâche exigeait du temps et de la sueur.

Au début des années cinquante, mon père cultivait la vigne, comme l'avaient fait auparavant son père et son grand-père. Les outils à sa disposition étaient quasiment identiques à ceux utilisés à la fin du XIXᵉ siècle.

Sa génération eut la chance de connaître un changement notable, qui allégea le dur labeur du vigneron, guidant sa charrue tirée par le cheval.

L'arrivée du tracteur épargna de la fatigue, libéra du temps et améliora la qualité de la vie. Cela le fit sourire, lorsqu'au début des années 2000, certains remirent le cheval au travail dans les vignes.

Le cheval a de nombreuses qualités, il respecte davantage l'environnement, il ne tasse pas la terre, il peut travailler dans des endroits pentus ou en dévers, alors que le tracteur enjambeur devient dangereux, pouvant malencontreusement se retourner.

« Malgré ses précieux atouts, je présume qu'aucun domaine n'abandonnera totalement le tracteur au profit du cheval. A l'avenir, il reviendra peut-être pour effectuer certaines tâches précises et ponctuelles, mais il restera probablement toujours complémentaire au tracteur. » subodore mon père, en se remémorant les journées éreintantes, passées à marcher derrière le cheval.

Disponible du matin au soir, le tracteur permit d'abattre davantage de travail et modifia l'organisation de la journée du vigneron. Le cheval est un être vivant, qui a besoin d'être nourri et pansé chaque jour. De plus, le vigneron respectait son rythme et lui accordait les temps de repos nécessaires.

Le passage au tracteur apporta un gain de temps considérable et fut vécu comme une grande libération, et à ce moment-là, aucun vigneron n'aurait pronostiqué le retour du cheval dans les vignes !

*

A la veille de l'été, la vigne fleurit à l'abri des regards. Tandis qu'un délicat parfum plane sur la Côte, le vigneron a de nouveau l'œil rivé sur le ciel. Sous le soleil et la chaleur, la pollinisation s'étale sur quelques jours et enfante de beaux raisins.

La pluie, la fraîcheur ou le froid perturbent la *floraison,* qui peut alors s'étirer sur plusieurs semaines, entraînant la *coulure de la fleur,* qui se traduit par la formation de raisins à petits grains ou pire, par l'absence de raisin. Une centaine de jours plus tard, les vendanges battront leur plein.

Fin juin, l'été commence et de nombreux aléas climatiques peuvent advenir. Un bel ensoleillement, de la chaleur, quelques ondées discrètes et la vigne est aux anges. La générosité du ciel ravit le vigneron, ses fantaisies l'inquiètent, ses mauvaises humeurs le tourmentent et ses colères l'affligent !

Attentif à la maturation des raisins, le vigneron n'anticipe jamais, car il ne peut oublier que la nature a toujours le dernier mot. Les raisins mûrissent en laissant présager une belle récolte, puis soudainement, un orage de grêle s'abat et détruit une partie ou la totalité de celle-ci, engendrant un immense sentiment de tristesse.

Depuis le nouveau millénaire, la grêle n'a pas épargné le vignoble. Elle est tombée en 2000, 2001, 2004 et 2008. Ensuite, deux orages de grêle en 2012 anéantirent la quasi-totalité de la récolte, puis, de nouveau, des grêles en 2013 et en 2014, mais heureusement atténuée en 2014, grâce à un système de protection, installé dans le vignoble et en amont de celui-ci.

Mis au point dans le sud-ouest de la France, ce système anti-grêle performant est relié à un centre de météorologie, qui alerte les vignerons en temps réel. Ainsi, des générateurs posés sur le sol, situés sur le trajet des orages, permettent de transformer la grêle, contenue dans les nuages, en pluie fine.

*

Au cours des mois estivaux, le vigneron arpente ses vignes, afin de repérer la *véraison*, ce moment où les premières baies rosissent, puis quelques semaines plus tard rougissent.

« *La canicule de l'année 2003 est restée dans toutes les mémoires. La chaleur fut telle que les raisins mûrirent très rapidement et commencèrent d'atteindre leur maturité mi-août. Je n'avais jamais imaginé que je verrais des vendanges se terminer fin août !*

Et, à l'inverse, je connus naguère des étés maussades, frais et pluvieux, qui retardaient la véraison, ce qui décalait les vendanges, qui se déroulaient au mois d'octobre. » précise mon père, qui aime se promener dans les vignes, tout particulièrement au cours de l'été, afin de repérer cette magie offerte par la nature.

Après un hiver humide, suivi d'un printemps orageux, qui fit trembler le vigneron, l'ensoleillement de l'été 2018 fut remarquable. Grâce aux quelques millimètres d'eau tombés au fil des mois, satisfaisant parfaitement les faibles besoins hydriques de la vigne, la chaleur et la sécheresse engendrèrent des raisins magnifiques, cueillis début septembre, sous un soleil resplendissant. Appréciée du vigneron, une telle année est rare.

*

Au cours de ses études au Lycée viticole de Beaune, mon frère, Frédéric, choisit d'effectuer ses stages dans des domaines réputés, loin de la Bourgogne, afin de découvrir des méthodes et des savoir-faire spécifiques à d'autres vignobles.

L'année 1978 fut l'année de sa première vinification. Mon père et mon frère partageaient la même vision et la même passion. Tous deux étaient très heureux d'entamer cette collaboration ardemment attendue. Une nouvelle ère s'ouvrait, une ère enrichissante pour l'un et l'autre.

L'échange entre la jeune génération, qui apporte de nouvelles connaissances et de nouvelles approches, et l'ancienne génération, qui détient l'expérience et la mémoire des millésimes sur de nombreuses décennies, est une richesse partagée inestimable et sans cesse renouvelée.

Quatre décennies plus tard, ils partagent toujours la même vision et la même passion, étoffées récemment de la motivation et de l'enthousiasme de la jeunesse de la génération suivante, représentée par Clothilde.

*

En perpétuelle quête d'améliorations, Frédéric s'intéressa à la biodynamie, dès les années quatre-vingt-dix. Suite aux expériences tentées sur différentes parcelles, avec la collaboration de Pierre Masson, formateur reconnu en biodynamie, ils furent convaincus des qualités de cette méthode, parfaitement respectueuse de la vigne, de l'environnement et de l'homme.

Afin de stimuler les forces de vie de la plante, des préparations spécifiques sont élaborées à partir de produits naturels. Selon le but recherché, des tisanes de plantes ou des micro-dilutions de minéraux en solution aqueuse sont *dynamisées*, puis pulvérisées sur les vignes, à une date précise et à une certaine heure de la journée, afin de profiter des influences lunaires et astrales les plus bénéfiques.

La phase de *dynamisation* est essentielle, car les informations bienfaisantes, contenues dans la plante ou dans le minéral, grâce à un mouvement spécifique de tourbillon du liquide, pendant une certaine durée, sont libérées dans la préparation, qui est alors *dynamisée*, prête à être offerte à la vigne.

La précieuse texture des baies du raisin reflète l'harmonie de la vigne, fruit de cette étonnante alchimie, entre les racines invisibles, qui explorent les profondeurs de la terre, et les feuilles, qui bénéficient de la lumière et de la chaleur du soleil, imprégnées de l'énergie céleste.

« C'est extraordinaire d'observer les bienfaits qu'apporte la biodynamie à la culture de la vigne. Le sol et le sous-sol sont vivants. Ils abritent de nombreux vers de terre et toute une faune microbienne, dont l'activité est bénéfique à la vitalité de la vigne et à la qualité de ses raisins. Les ceps fatigués retrouvent de la vigueur et une belle fructification.

Attentif à la croissance de la vigne, le vigneron lui prodigue les soins nécessaires, de manière douce et naturelle. Son unique ambition est de permettre à la vigne d'évoluer en bonne santé et de retrouver rapidement son équilibre, en cas d'agression.

Heureuse de croître dans un tel environnement, elle offre alors les meilleurs raisins possibles, des raisins qui présentent une belle constitution et un équilibre optimal. » précise mon père conquis par l'harmonie, qui émane de la vigne et de ses raisins, permettant ainsi d'engendrer de très *grands vins*, des vins qui expriment la subtilité et la complexité des *terroirs* avec davantage de pureté et de vivacité.

L'état d'esprit largement répandu à notre époque, de combattre ou de dominer la nature, est à l'opposé de la démarche de la biodynamie, qui est d'agir en interaction avec la Nature, de la respecter et de la stimuler, afin qu'elle puisse offrir ses inépuisables ressources étonnantes.

Ses caprices ou ses colères rappellent simplement à l'homme qu'elle est le maître et qu'il est à son service, que satisfaire ses exigences est une priorité nécessaire pour bénéficier de sa grande générosité.

Depuis l'année 2000, toutes les vignes du domaine sont cultivées selon les principes biodynamiques, qui sont un prolongement du mode de culture pratiqué par mon père, tout au long de sa vie.

Fidèle à ses convictions, il n'a jamais cédé aux sirènes des vendeurs de produits, lorsque la chimie entra insidieusement dans les engrais destinés à la viticulture ou pire, lorsqu'il était préconisé d'enrichir le sol, en particulier avec de la potasse. Le temps lui donna raison.

Suivre ces modes funestes fut une erreur colossale, que de nombreux vignerons ont regrettée par la suite, car leur terre, déséquilibrée et appauvrie en micro-organismes, leur offrait un vin moins prestigieux. Grâce à la bonté de la nature, la précieuse terre maltraitée réussit à recouvrer un équilibre satisfaisant en quelques décennies.

Par un contrôle sérieux et régulier, la certification *Demeter* est garante de la pratique biodynamique et apporte un gage de transparence au client. Aujourd'hui, de nombreux domaines bourguignons ont adopté ce mode de culture.

« Une grande part de la jeune génération est très motivée par une approche naturelle, qui respecte l'environnement, et par la recherche de l'expression de la typicité de nos précieux terroirs. Cela me réjouit, car dans cette perspective, la singularité de notre vignoble pourra continuer de se perpétuer au cours du siècle à venir. » constate mon père, l'esprit confiant en la nouvelle génération de vignerons.

*

A l'approche des vendanges, il est temps d'arpenter à nouveau les parcelles. Conscient de l'enjeu essentiel des dernières semaines, le vigneron prête une grande attention au mûrissement du raisin. Il le goûte régulièrement.

Une fine observation de l'évolution de sa maturité lui permet d'affiner son point de vue sur la future récolte, et de recueillir des informations utiles, qui étaieront les bonnes décisions, lors de la vinification.

Certaines années se ressemblent, mais chaque millésime est différent. Le vigneron en recherche d'excellence est enthousiaste à l'idée d'être confronté perpétuellement à de nouveaux défis.

« Mon ami, Pierre Boillot, vigneron réputé à Meursault, partageait à la veille des vendanges les mêmes interrogations que moi. Chaque année, nous prenions le temps de parcourir nos vignes respectives et de confronter nos observations, afin d'envisager leurs conséquences probables sur la future vinification.

En nous appuyant sur les particularités des années précédentes, nous tentions d'entrevoir des similitudes, mais souvent immédiatement amoindries par la présence de caractéristiques différentes.

Rapprocher deux millésimes est une aide précieuse à la réflexion, mais limitée, car la nature, espiègle et joueuse, offre une succession de millésimes uniques, ce qui fait la saveur de notre métier. » explique mon père, toujours aussi impatient de découvrir la vérité que cachent les raisins de la vendange qui s'annonce.

*

L'étroitesse des rues et des ruelles du Volnay ne facilite pas la tâche du vigneron volnaysien. Le moindre recoin accueille voiture, remorque ou divers matériels.

En fin d'été, le vigneron s'affaire à ranger et à nettoyer sa cuverie, souvent utilisée à d'autres fins pendant l'année, ainsi qu'à préparer le matériel utile au bon déroulement des vendanges et de la vinification.

Puis, le grand jour tant attendu arrive. Le village s'anime. Le vrombissement des tracteurs, qui s'activent tout au long de la journée entre la vigne et la cuverie, puis, en soirée, les éclats de voix joyeux et chaleureux, accompagnés de rires sonores et contagieux, troublent la douce tranquillité des habitants.

Au fil des années, des traditions disparaissent. Naguère, tout nouveau venu n'échappait pas à la chasse au *dahut* sur la montagne de Volnay. Après avoir couru de longues heures en pleine nuit, le chasseur retrouvait difficilement son lit ! Le lendemain matin, sous le regard amusé des anciens, il tardait à ouvrir les yeux.

Le fait que les rangs de vigne soient alignés les uns à côté des autres, sans laisser apparaître la distinction des propriétés, singularité du vignoble bourguignon, exige, au moment de la prise de rang, une grande vigilance de la part du vigneron. Ce serait vraiment regrettable qu'un coupeur commette une erreur !

Le partage des tâches entre les membres de la famille est un gage de souplesse et d'efficacité. Le vigneron a le souci d'encadrer l'équipe de vendangeurs, tout en procédant à la vinification de ses crus, et le plus souvent, son épouse régit l'intendance, assume les multiples tâches administratives et pallie les infortunes quotidiennes, tout en ayant un œil sur la cuverie.

« *Fidèle depuis de nombreuses années, notre équipe de vendangeurs partage avec nous ce moment intense et exaltant, dans la bonne humeur. Un lien s'est crée au fil des années, nous l'apprécions et nous l'avons d'autant plus apprécié, lors des douloureuses vendanges 2001, lorsque notre fils Benoît fut emporté par un accident de la route.* » A ces mots, un voile de tristesse assombrit le regard de mon père.

*

De la main du coupeur jusqu'à son arrivée sur la table de tri, le précieux raisin est manié avec grand soin. Avant d'être éraflé tout en douceur, chaque raisin passe devant le regard du vigneron, dont la main exigeante retire les baies abîmées, sèches ou pourries, qui pourraient nuire à la qualité du futur vin.

« *Les raisins de l'année 2018 resteront gravés dans les mémoires. C'est très rare de voir des raisins aussi beaux, ils sont parfaits. Aucun tri ! Aucune baie n'est à retirer ! Cela me rappelle l'année 1990, année abondante et exceptionnelle.*
Si je remonte davantage dans le temps, je pense aux vendanges 1959, qui furent très chaudes et qui engendrèrent aussi un millésime remarquable.
Il est encore tôt pour se prononcer, mais l'année 2018 sera certainement un très grand millésime » explique mon père, les yeux rivés sur la table de tri, admiratif de la qualité des raisins, qui avancent tout doucement devant lui.

Depuis une trentaine d'années, les vendanges sont plus précoces. Elles se déroulent fréquemment la première quinzaine de septembre, alors qu'autrefois, il n'était pas rare de vendanger début octobre.

De plus, les vendanges de ces dernières décennies profitent des bienfaits du soleil.
« Les vendanges froides et humides, que j'ai connues dans le passé, sont oubliées. Cette année encore, le soleil et la chaleur sont au rendez-vous. La température atteint trente degrés en milieu d'après-midi !
A l'arrivée en cuverie, les splendides raisins sont chauds, il faut veiller à refroidir rapidement la vendange. » constate mon père, en ces premiers jours du mois de septembre 2018.

*

Dans la cuve, les précieuses baies sont prêtes à vivre la période intense qui s'annonce. A leur écoute, le vigneron respecte leur rythme, découvre leur empressement et leur zèle à fermenter et s'adapte à leur choix.

Son art est d'accompagner la fermentation, de la laisser évoluer à son idée, tout en la surveillant en permanence, afin d'éviter à son bouillonnement de s'envoler vers des températures trop hautes, qui empêcheraient les levures d'effectuer leur mission paisiblement.

Naguère, lorsque la fermentation devenait tumultueuse, son emballement donnait des sueurs froides au vigneron, qui ne disposait d'aucun moyen technique pour refroidir ses cuves.

Depuis le milieu des années quatre-vingt, la maîtrise complète de la température des cuves en fermentation permet au vigneron d'être serein, tout au long de la cuvaison.

« En matière de vinification, l'humilité est reine. La règle d'or est simple : laisser la Nature s'exprimer !

Pour réussir un grand vin, il est judicieux de réfléchir avant d'intervenir sur une cuve en fermentation. C'est important de se demander si l'action envisagée est réellement bénéfique au vin en devenir.

Il faut tenter de mesurer les conséquences possibles d'une éventuelle initiative, et surtout, ne pas hésiter à l'oublier, si celle-ci ne semble pas indispensable. » explique mon père, précisant que les meilleures décisions au moment de la vinification s'appuient sur une bonne connaissance de tous les éléments climatiques de l'année, l'intensité de la chaleur, la durée d'ensoleillement, le manque ou l'excès d'humidité, ainsi que sur l'observation du cycle de la vigne au fil de la saison, en particulier au cours de la phase de mûrissement du raisin, et enfin sur la prise en compte du degré de maturité du raisin, au moment de la vendange, sa teneur en sucre, son aspect, son goût et sa constitution.

« *Ce qui m'importe, c'est d'obtenir un vin qui exprime la typicité de l'appellation Volnay, c'est-à-dire un vin qui a un très beau fruit, de la finesse et de la délicatesse, mais aussi une structure, nécessaire à un bon vieillissement, de beaux tanins, des tanins discrets et soyeux, qui mettent en relief la richesse de ses arômes et qui lui permettent d'être apprécié assez jeune.*

Ce sont les caractéristiques attendues des vins de Volnay. Une extraction exagérée engendrerait une présence excessive de tanin, la singularité du pinot noir s'évanouirait et la typicité du vin de Volnay disparaîtrait, ce serait dommage ! » souligne mon père, toujours aussi prompt à discourir sur la typicité des prestigieux *terroirs* bourguignons.

*

Pendant dix-huit mois, le vigneron suit attentivement l'évolution du nouveau millésime, qui se repose dans la pénombre, propice à l'accomplissement de sa mystérieuse métamorphose.

Dans le silence et l'obscurité de la cave, le fût de chêne permet à la vivacité de ses arômes de se marier à la puissance de ses tanins, pour ensuite se fondre, au fil des mois, en un savoureux bouquet.

Afin qu'il honore ses promesses, le vigneron l'entoure avec bienveillance. Il le déguste régulièrement et lui prodigue les soins nécessaires. Cette période se nomme l'*élevage* du vin.

À l'aube de son troisième hiver, six à huit mois après la mise en bouteilles, le vin quitte la cave et voyage à travers le monde. Aujourd'hui, la forte demande des amateurs de vins de Bourgogne, répartis sur tous les continents, incite le vigneron à quitter sa terre et à découvrir régulièrement de nouvelles contrées.

Par le passé, l'écoulement des récoltes n'était pas aussi simple. Jusqu'aux années quatre-vingt, la vicissitude des marchés de gros engendrait des méventes, suivies de périodes plus fastes. Vendre le vin en bouteilles et diversifier les clients étaient une source de sécurité pour le vigneron.

Mon grand-père avait commencé d'attirer une clientèle suisse, puis anglaise et belge, que mon père s'est efforcé de faire prospérer, parallèlement à la clientèle française.

À la fin des années soixante-dix, peu de vignerons exportaient aux États-Unis. C'est à cette époque, que mon père rencontra Becky Wasserman Hone, américaine installée dans la région, qui, après avoir vendu des fûts en Californie, commençait d'exporter du vin sur le continent américain.

« *Tout d'abord, prudent, j'acceptai de la recevoir, afin de la faire déguster, mais je pris le temps de réfléchir à cette nouvelle opportunité, qui s'offrait aux vignerons bourguignons.*

Le transport du vin me paraissait satisfaisant, mais les conditions de stockage du vin sur le sol américain étaient une source d'inquiétude. Pouvaient-elles assurer un bon vieillissement de nos grands vins, fragiles et délicats ?» s'interrogeait mon père, souhaitant toujours le meilleur pour ses vins.

Afin de lever ses doutes et de lui faire découvrir par lui-même la vie de l'autre côté de l'Atlantique, Becky organisa un voyage au mois d'avril 1983.

« Accompagnés de nos amis, Françoise et Gérard Potel du domaine de la Pousse d'Or, nous rencontrâmes un grand nombre d'importateurs, de distributeurs et de cavistes.
Ce fut un voyage inoubliable, qui me permit de faire la promotion du millésime 1979, le premier vin du domaine expédié aux États-Unis.
Après des haltes à Boston, Washington et Houston, nous découvrîmes le jeune vignoble d'Oregon, ainsi que celui de la Napa Valley, en Californie. » raconte mon père avec enthousiasme.

Amoureuse de la Bourgogne, Becky porte avec passion la parole des vignerons. Grande connaisseuse, elle a le talent de savoir transmettre son amour du vin à un auditoire attentif et toujours comblé.

Reconnue et appréciée, elle participa au développement de la notoriété des vins de Bourgogne. A une époque où peu d'Américains étaient familiers avec les *grands vins* français, elle s'est employée à expliquer la typicité des vins de Bourgogne, à faire découvrir avant l'heure la notion de *climat* et de *terroir*. Agrémentée d'une touche d'humour, sa parole, claire et franche, est écoutée et scrutée dans le monde entier.

Créée à Bouilland, joli village perdu dans la verdure, à quelques encablures de la Côte, sa société, *Le Serbet*, devenue *Becky Wasserman & Co*, est maintenant installée dans le centre historique de Beaune.

*

La richesse relationnelle est un pan du métier très agréable. Quel plaisir d'être en contact avec une clientèle variée, cosmopolite, fidèle et passionnée !

Amateur, connaisseur, caviste, sommelier ou importateur, tous se réjouissent de se rendre chaque année au domaine, afin de découvrir le nouveau millésime.

L'amour du vin et la convivialité, qui en découle, engendrent des relations amicales, qui s'étendent sur la vie entière.

« *Depuis de nombreuses décennies, j'apprécie l'amitié qui me lie à Pierre Troisgros, qui a toujours beaucoup aimé les vignerons bourguignons.*

Il le prouva régulièrement par son accueil chaleureux et généreux et par la constitution d'une cave imposante, enthousiasmant le palais des gourmets. Cette belle amitié partagée se prolonge, de nos jours, entre Michel et Marie-Pierre Troisgros et mes enfants.

Au milieu des années soixante, une heureuse coïncidence mit une bouteille de Volnay, entre les mains de Jean-Baptiste Troisgros, le père de Pierre, en charge de la cave du restaurant. Sa personnalité me marqua.

Doté d'un charisme hors du commun, il avait un palais remarquable. Lorsqu'il venait à Volnay, il me demandait d'installer, dans la cave, une petite table, sur laquelle je posais le nouveau millésime.

Assis, il prenait le temps de déguster en silence. Sans qu'on lui donne aucune indication, il retrouvait toujours ses appellations favorites ! J'étais admiratif. » relate mon père, heureux de se remémorer les liens amicaux qu'il a noués, au fil des années, à travers les pays du monde entier.

*

Suite à un véritable engouement pour les *grands vins*, le statut du vigneron évolua de manière incroyable en une trentaine d'années. La presse spécialisée et les guides d'achat mirent le projecteur sur le vigneron. Son nom est devenu un critère de choix important pour le connaisseur, mais aussi pour l'amateur averti, friands de commentaires détaillés et de dégustations, auxquelles ils se rendent avec plaisir, afin de découvrir les millésimes récents et de partager avec les vignerons.

« Quelle ne fut pas ma surprise, lorsqu'à Washington, sur un passage piéton, face à la Maison Blanche, j'entends les paroles d'un inconnu, au savoureux accent américain, me tapant sur l'épaule « Hello, monsieur Lafarge, comment allez-vous ? ».
Cet homme m'avait rencontré lors d'une dégustation, organisée par l'importateur, quelques années auparavant.
Quelle mémoire ! ». A l'évocation du souvenir de cette rencontre fortuite, lors d'un séjour aux États-Unis, à l'orée des années quatre-vingt-dix, un léger sourire se dessine sur les lèvres de mon père.

De nos jours, le développement d'internet et le succès des réseaux sociaux, qui favorisent l'échange instantané d'informations à travers le monde, renforcent le lien précieux entre l'œnophile et le vigneron.

*

Bénéficier de la chance de connaître une longue vie suppose aussi de vivre son cruel corollaire, voir partir les êtres que l'on a côtoyés, appréciés ou aimés au cours de sa vie.

« Je ne saurais parler des vins de Volnay, sans évoquer la mémoire de tous les vignerons volnaysiens de ma génération. Et malheureusement, la liste s'allonge au fil des années. » précise mon père, une pointe de mélancolie dans le regard.

Le marquis Jacques d'Angerville (1927 - 2003) d'une extrême gentillesse et d'une rare érudition, consacra une grande part de son temps à la défense de la profession. Ses engagements, tout d'abord au sein de la région, le conduisirent, par la suite, à endosser des responsabilités nationales. De plus, il fut un ambassadeur remarquable de Volnay et de ses vins, car précurseur en matière d'exportation, il s'envolait régulièrement vers les États-Unis, dès le début des années soixante-dix.

Dévoué et généreux, Gérard Potel (1936 - 1997) fut très apprécié des habitants de Volnay. Arrivé en 1964, il s'adapta très rapidement à la vie bourguignonne. Grâce à son bagage d'ingénieur agronome et à son expérience viticole dans la région de Carcassonne, il apporta une vision nouvelle, qu'il a mise au service de ses confrères, avec bienveillance et altruisme.

Bon vivant au caractère bien trempé, l'avocat-vigneron, Hubert de Montille (1930 - 2014) sut mettre son talent d'orateur au service de son palais. Avec éloquence et originalité, son art de décrire le vin était unique. C'était un plaisir de déguster en sa présence, car ses mots évocateurs enchantaient toujours l'assemblée. Certaines de ses expressions sont d'ailleurs devenues des références en matière de dégustation.

Tous avaient la passion de leur métier et recherchaient l'excellence. Ils savaient que le *grand vin* commence dans la vigne, et que, seuls, de beaux raisins peuvent engendrer un *grand vin*, un vin reflétant la typicité de son *terroir*, offrant une expression vivante et singulière de son *climat*, un vin suave et raffiné, qui révèle, au cours de son vieillissement, les secrets de la saveur de la terre bourguignonne.

Enfant du terroir, le *grand vin* offre à l'âme réceptive une complexité incroyable, une kyrielle de nuances fugaces, évocatrices de parfums subtils et enchanteurs.

Tout d'abord, l'œil contemple sa *robe*, sa couleur, puis ses larmes, qui perlent le long du verre, livrant une part de son mystère. Un voile se lève sur son âge et les confins de sa provenance affleurent à la conscience, empressée à découvrir sa personnalité.

Ensuite, le *grand vin*, humé à plusieurs reprises, dévoile l'intensité de son *nez*, sa finesse et son élégance. La délicate exhalaison de ses arômes émerveille celui qui sait prendre le temps, d'accorder toute son attention, à cet instant hors du temps. Inattendue, la rencontre du sublime et de l'éphémère comble l'être sans attente, qui se laisse transporter dans l'immensité intemporelle de ses effluves envoûtants.

Puis *en bouche*, le *grand vin* se révèle au fil des gorgées. Ses délicieuses saveurs éveillent les papilles gustatives, puis charment le palais en grand émoi. Dans le silence, habité par une disponibilité de tous les sens, une émotion discrète surgit, s'amplifie, ouvre les portes d'un monde intérieur insoupçonné, où l'esprit ébloui est un spectateur attentif et ravi.

Enfin, la *persistance* d'un *grand vin*, sa longueur en bouche, est sa plus belle signature. Quand le verre est vide, le *grand vin* est toujours là !

Le voyage de l'âme enivrée libère la parole et imprègne à jamais la mémoire. Le *grand vin* invite à la convivialité. Des échanges exaltés et passionnés s'ensuivent. La traduction imagée et colorée du plaisir partagé demeure infinie. Ô délice inégalé à l'immortel souvenir !

3. La vie à Volnay

Reflet plus ou moins fidèle de la prononciation, l'orthographe mouvante des mots était courante dans une société où la langue orale prédominait. C'est ainsi que le nom s'écrivit Volenay, puis Voulenay, un peu plus tard Vollenay, et enfin Volnay à partir du XIXe siècle.

Situé à flanc de coteau, le village offre une vue magnifique, tout d'abord sur le vignoble, puis sur la plaine de la Saône. Lorsqu'au lever du jour, l'atmosphère est pénétrée d'une lumière très claire, la chaîne des Alpes apparaît à l'horizon.

Sur l'autre versant de la montagne de Volnay, en direction de Meloisey, se cachent quelques vestiges des temps anciens, un pont romain, enjambant le ruisseau de *la Folie*, ainsi qu'un dolmen, longtemps enseveli sous un *murger*, amoncellement de pierres ramassées dans les terres cultivées. Nommé le *Dolmen de la Brûlée*, il fut mis à jour à la fin du XIXe siècle. En direction de Monthelie, un autre dolmen, le *Dolmen du Chaignot*, tapi à l'ombre des arbres, est recouvert de végétation.

Jadis, sur la place du village, se dressait un château, construit par les Ducs de Bourgogne, amateurs de vin de Volnay. Au début du XVe siècle, la résidence ducale, forteresse dotée d'une enceinte fortifiée et d'un donjon, offrant aux villageois un abri sûr en temps de guerre, disparut dans un incendie, suite à une attaque violente, fréquente à cette époque. Réchappée des flammes, l'imposante tour carrée tomba en ruine au cours des siècles suivants, puis fut détruite à la fin du XVIIIe siècle. Ses pierres servirent à la construction d'habitations.

Au fil des siècles, endommagés par des intempéries ou des incendies, la toiture et le clocher de l'église, qui fut édifiée au XIIIe siècle, furent toujours remis en état. La Révolution laissa quelques traces, des statues mutilées et le tympan dégradé.

Ses sobres piliers massifs et ses voûtes, ornées de clefs remarquables, mettent en valeur les sculptures de la *chaire de vérité*. Au cours des années soixante, la réforme liturgique du concile Vatican II, suivie de l'apparition des microphones et des hauts-parleurs, la firent taire à jamais. Composé de trois cloches, le carillon fut électrifié en 1963.

Les magnifiques boiseries du chœur sont éclairées par des vitraux colorés, représentant le terrible martyre de Sainte-Julitte et de son fils Saint-Cyr, persécutés à l'aube du premier millénaire.

Le reliquaire est vide, l'ossement de Saint-Cyr, patron de la paroisse, fut dérobé au cours des années soixante-dix. Récemment, l'église s'est enrichie d'un bel autel en pierre de Corton, aux lignes épurées, consacré au mois d'avril 2018 par Monseigneur Minnerath, archevêque de Dijon.

*

Érudit curé de Volnay, membre de Sociétés Savantes, l'illustre Abbé Bavard (1823-1893), en charge de la paroisse pendant quarante et un ans, s'impliqua énormément dans la vie du village.

Soucieux d'offrir aux habitants de Volnay une trace du passé de leur contrée, il rédigea l'*Histoire de Volnay Depuis les temps les plus reculés jusqu'à nos jours*.

Publié en 1870, ce livre connut un franc succès. Étoffée, l'édition de 1887 fut réimprimée au cours du siècle suivant. Épuisé depuis quelques décennies, cet ouvrage est aujourd'hui numérisé.

Au fil des ans, des traditions se sont perdues, mais certaines perdurent. Autrefois, les cérémonies religieuses rythmaient la vie des villages.

A la veille des vendanges, chaque famille de vignerons déposait, au pied de l'autel, un petit panier en osier garni de raisins, que le prêtre bénissait au cours de l'office dominical. Tombée dans l'oubli quelques années, cette coutume se perpétue à nouveau.

Située le long de la route des vins, dans l'enceinte du cimetière, la chapelle Notre-Dame de Pitié fut endommagée et pillée pendant la Révolution. En 1960, les lourdes laves, pesant fortement sur la charpente, furent remplacées par des tuiles plates, plus légères.

Jadis, les paroissiens descendaient en procession prier dans la chapelle. Naguère, elle accueillait le Chemin de Croix du Vendredi Saint et la cérémonie du quinze août. La sortie des fidèles devenue dangereuse, étant donné l'absence de parvis et l'accroissement de la circulation, entraîna sa fermeture, au milieu des années soixante.

Afin de remercier le ciel d'avoir protégé le vignoble au cours de la guerre de 1870, une statue de la Vierge fut érigée en 1871, sur la montagne de Volnay.
Perchée sur un piédestal composé de pierres percées, Notre-Dame des Vignes, d'une hauteur de deux mètres vingt cinq, pose un regard bienveillant sur le vignoble.

Abandonné pendant quelques années, le pèlerinage, allégé de pratiques désuètes, se déroule au mois d'octobre, attirant des familles de vignerons des villages environnants.
Après la montée rythmée par des prières, les pèlerins se rassemblent au pied de la statue. L'hommage se termine par le chant dédié à Notre-Dame des Vignes, entonné à pleine voix par l'assemblée.

*

Autrefois, les Sociétés de Secours Mutuel rendirent de grands services au vigneron immobilisé ou, en cas de décès, à sa famille. Grâce à l'aide de ses confrères, tout au long de sa maladie, le vigneron appréciait de récolter le moment venu.

Ces travaux offerts, nommés *corvées*, représentent, de nos jours, quelques semaines par année, mais n'assurent plus le rôle vital de naguère, la plupart des vignerons ayant des salariés. C'est un bel exemple de solidarité qui subsiste dans la société actuelle, créant un lien particulier entre confrères, toutes générations confondues. Malgré les évolutions notables, le métier de vigneron repose sur le travail de l'homme, soumis aux lois de la nature.

Dans la plupart des villages, les Sociétés de Secours Mutuel sont sous le patronage de Saint-Vincent. Dans certains pays, issues de Confréries de vignerons très anciennes, elles portent le nom du saint de la paroisse. Sous la protection de l'enfant martyr Saint-Cyr, fêté le 16 juin sur le calendrier, la Société volnaysienne l'honore le lundi suivant cette date.

Chaque société possède une bannière et un *petit saint*. Sculptées dans un morceau de bois, ces statuettes, aux apparences variées, dénotent l'originalité et la créativité de l'âme humaine. Certaines sont rustiques, d'autres peintes avec raffinement.

De petite taille, la statue de Saint-Cyr représente l'innocence d'un enfant à la grâce naturelle. Coiffé d'une couronne de fleurs blanches, l'enfant est vêtu d'une somptueuse tunique dorée. Son regard triste implore le ciel. Une extrême candeur se dégage de son visage pâle et délicat, auréolé de cheveux frisés.

A l'issue d'un office religieux, la statuette de Saint-Cyr est accueillie, au son de la fanfare du village, au sein d'un foyer de vigneron, qui offre un verre de l'amitié, un verre de Volnay, accompagné de brioches et de *gougères,* à toute la population. Au fil des années, Saint-Cyr visite chaque famille de vigneron, membre de la Société.

*

La Confrérie des Chevaliers du Tastevin eut l'idée, en 1938, de créer la Saint-Vincent-Tournante, fête populaire qui réunit, le dernier week-end du mois de janvier, toutes les Sociétés de Secours Mutuel de la Bourgogne, au sein d'un village viticole.

Comme son nom l'indique, la fête tourne, ainsi, chaque pays a le privilège de recevoir cet honneur. Dès sa création, cette idée fut un succès, qui attira des visiteurs au cœur de l'hiver et qui fit parler de la Bourgogne dans les médias.

Lors de ce rassemblement, le défilé très attendu des *petits saints,* posées sur des brancards reposant sur les épaules de deux vignerons, se dirige vers l'église.

À l'issue de l'office religieux, présidé par l'évêque du diocèse, les vignerons les plus âgés du village, heureux mais souvent très émus, sont intronisés *Chevalier du Tastevin.* C'est un hommage que la Confrérie souhaite rendre aux anciens, qui ont consacré leur vie entière à la culture de la vigne.

Puis s'ensuivent les traditionnelles agapes bourguignonnes, un banquet convivial et festif dans le village et un *chapitre* au château du Clos de Vougeot, auquel deux vignerons de chaque pays sont conviés.

Cet honneur fut dévolu à Volnay en 1957 et en 1986. Événement d'envergure régionale en 1957, la Saint-Vincent-Tournante prit une ampleur considérable en une trentaine d'années.

Grâce à une renommée devenue internationale, Volnay accueillit un nombre gigantesque de visiteurs en 1986. L'invité d'honneur, monsieur Javier Pérez de Cuéllar, secrétaire général des Nations Unies, fut ravi de découvrir les traditions bourguignonnes.

L'engagement du village confère à ses habitants une grande responsabilité. Un long travail de préparation bouleverse l'emploi du temps des vignerons et de leur famille. L'organisation d'un tel événement requiert précision et rigueur de la part de chacun.

Les vignerons volnaysiens firent preuve de prévoyance et la nature leur donna raison. Chaque vigneron, dont le souhait le plus profond était la réussite de ces deux journées historiques, fut généreux à la suite des vendanges abondantes de 1979 et de 1982. Les deux Cuvées de la Saint-Vincent-Tournante furent appréciées et participèrent au grand succès de la fête.

Au cours des hivers précédents, les vignerons se réunirent régulièrement, tout d'abord afin de définir les thèmes de décorations collectives, puis de les imaginer et enfin de les concrétiser. Les femmes du village confectionnèrent des milliers de fleurs en papier multicolores, afin d'égayer les rues hivernales.

Conçue et façonnée par Christian Rossignol, une bouteille géante de Volnay fut placée Rue d'Angle, à l'entrée du village, côté Pommard. Édifiées rue de la Barre et rue de la Chapelle, des arches en tonneaux, décorées de guirlandes de verdure, virent défiler des milliers de visiteurs enthousiastes et enthousiasmés !

Sur la maison familiale, un immense cadran solaire, orné d'une grande variété de fleurs en papier colorées, révélait les grands millésimes du siècle. La fin de l'hiver 1986 correspondait au passage exceptionnel de la comète de Halley, qui inspira une *bouteille-comète* à mon frère Benoît. Accrochée à la façade du domaine, lumineuse par intermittence, elle retint l'attention de nombreux promeneurs, qui l'admiraient avec perplexité.

Enfin, les paroles calligraphiées du diplomate écrivain Paul Claudel (1868-1955), qui, lors de ses discours à l'étranger, vantait avec emphase le vin français, incitaient le visiteur, le verre à la main, à s'élever :

« Le vin est un professeur de goût
en nous formant
à la pratique de l'attention intérieure
il est le libérateur de l'esprit
et l'illuminateur de l'intelligence. »

« Ce fut un grand bonheur pour tous les volnaysiens, qui gardent en mémoire ce week-end inoubliable. Cet événement créa une forte cohésion, qui perdura au cours des décennies suivantes.
Lors de la préparation de la fête, le village fut découpé en quartiers, et de nos jours, les habitants d'un quartier continuent de se réunir annuellement, afin de partager un moment de convivialité !» souligne mon père, encore admiratif de l'implication et du dévouement de la population volnaysienne.

*

Grâce aux innovations techniques, la qualité de vie s'améliora et progressivement le confort entrait dans les maisons. Le bruit assourdissant des roues de brouettes chargées de linge, dévalant les rues pentues du village, s'amenuisa au fil des années, puis tomba dans l'oubli.

Lieux de rencontre animés, les lavoirs désertés devinrent silencieux. Les derniers coups de battoirs des lavandières furent donnés, au début des années soixante-dix, par quelques femmes âgées, rétives au progrès.

Adjacent au lavoir rue de la Chapelle, l'abreuvoir était apprécié des chevaux. Il leur permettait de se désaltérer et, par temps de forte chaleur, de se rafraîchir. Le bas du corps immergé dans l'eau, le cheval traversait paisiblement le bassin arrondi, qui contournait la fontaine. Il fut démoli, lorsque le tracteur remplaça le cheval.

De nos jours, le silence de ce lavoir est, de temps à autre, rompu par la curiosité des touristes ou par l'accueil inespéré, qu'il offre aux promeneurs ou aux cyclistes par temps de pluie.

De taille plus modeste, le lavoir, situé rue d'Amour, fut détruit. Par la suite, son emplacement servit chaque hiver à l'accueil de l'alambic itinérant. A l'issue de la vinification, chaque vigneron lui apportait la *genne*, matière solide retirée du pressoir, constituée des pépins et des peaux des baies du raisin, afin de la distiller.

Depuis quelques années, l'alambic s'est sédentarisé. Installé à l'Hôpital de Meursault, près de la route nationale, il distille, tout au long de l'hiver, les *gennes* des vignerons de Meursault et des villages alentour.

Dans le respect de la loi, l'alcool obtenu est livré à l'État. Les vignerons, qui le souhaitent, après avoir demandé et obtenu l'agrément, peuvent récupérer l'alcool distillé, correspondant à la *genne* de leur domaine, en vue de l'élever en fût de chêne, pendant plusieurs années, puis de le commercialiser sous le nom *Marc de Bourgogne*.

Instauré par Napoléon, le privilège de bouilleur de cru, qui n'est plus transmissible depuis 1959, s'est éteint au fil des années.

*

Au cours des siècles précédents, Volnay était un *village vigneron*, l'activité professionnelle de chacun de ses habitants était tournée vers la vigne.

Faute de place suffisante pour travailler avec aisance, certains domaines déménagèrent leur cuverie dans un village voisin, et d'autres malheureusement disparurent.

Le nombre d'habitants, resté plus ou moins stable pendant plusieurs décennies, est aujourd'hui en déclin, malgré la venue de familles extérieures, attirées par la beauté du site.

*

« Naguère, à la sortie des deux écoles communales, les cris des enfants animaient les rues du village. La mairie actuelle hébergeait l'école de garçons, l'école de filles lui faisait face, de l'autre côté de la place.
Chacune des écoles comportait une seule classe multi-niveaux. La tâche de l'instituteur était ardue. Il s'appuyait sur les aînés pour transmettre certains enseignements aux plus jeunes.

Dans les années soixante, l'école, devenue mixte, fut réorganisée en trois classes. Puis, au fil des années, le nombre d'enfants s'amenuisant, à l'instar des villages environnants, Volnay était confronté à la fermeture de classes.

Sous mon mandat de maire (1983-1989), le regroupement des enfants, issus de Volnay, de Monthelie et d'Auxey-Duresses, permit de maintenir tous les niveaux, en proposant des classes à plusieurs cours, réparties sur les trois sites. » précise mon père, heureux de constater que, de nos jours, Volnay héberge l'école maternelle.

A l'image de nombreux villages français de moins de trois cents âmes, l'épicerie puis la boulangerie ont fermé. En revanche, le village est fier de ses trois restaurants : *Le Cellier Volnaysien,* sur la place de l'Église, *L'Auberge des Vignes,* au cœur du vignoble et enfin *L'Agastache,* restaurant gastronomique, situé à l'intersection de la rue de la Cave et de la rue de la Combe, au centre du village, dans l'ancienne boulangerie.

70

Au début des années quatre-vingt-dix, la cloche du garde-champêtre fut remisée. Il parcourait le village à l'heure du déjeuner, la cloche à la main, afin de faire ouvrir portes et fenêtres.

Chaque villageois écoutait l'*avis à la population*, rédigé par le maire, quelques minutes auparavant. Qui dit qu'internet est le moyen le plus rapide de communiquer une information ?

*

En 1966, Volnay s'est doté d'un blason, représentant dans sa partie inférieure, la statue de Notre-Dame des Vignes, et dans sa partie supérieure, trois tours dorées, évoquant le château disparu.

D'ailleurs, cet écusson ornait les grands panneaux, mentionnant *Volnay Ses Grands Vins*, implantés au cœur du vignoble, aux abords du village. Suite à l'application de la loi interdisant la publicité dans les communes de moins de dix mille habitants, ces panneaux furent démontés en 2016.

Jugés probablement un peu désuets par certains, ces écriteaux, sobres et discrets, délivraient aux passants une indication intéressante, sans enlaidir le paysage.

*

71

Depuis 2005, sur une vingtaine de kilomètres, la Vélo-route de Beaune à Santenay permet aux cyclo-touristes de se promener à travers le vignoble et de flâner dans les villages aux noms célèbres.

Après avoir emprunté les chemins de vigne entre Pommard et Volnay, elle entre dans le village par la rue de la Pitûre, débouche devant l'église, se prolonge par la descente de la rue de la Combe, puis par celle de la rue de la Chapelle, suivie de la traversée périlleuse de la route départementale, très passante, en vue de rejoindre Meursault, par les chemins de vigne.

En période estivale, un nombre considérable de cyclistes roule à vive allure, ceux-ci se croyant parfois seuls sur la chaussée, oublient de s'arrêter aux croisements.
Les rues étroites de Volnay deviennent alors très dangereuses pour les piétons, les cyclistes et les automobilistes, qui ne sont pas toujours conscients du danger.
Dans le sens Santenay - Beaune, le parcours dans Volnay s'effectue plus lentement, la montée incite davantage à la prudence.

« *En descente, la traversée du village présente des risques indéniables, ne faudrait-il pas réfléchir à un tracé différent ?* » suggère mon père, soucieux de la sécurité des habitants du village.

*

72

Sous la plume du connaisseur, le vin de Volnay, réputé pour sa finesse et sa délicatesse, est un vin élégant et féminin. Depuis 2005, la journée, nommée *Élégance des Volnay*, qui se déroule le dernier samedi du mois de juin, rencontre un vif succès.

Des personnalités féminines, amatrices de *grands vins*, comédiennes, chanteuses, femmes de lettres ou scientifiques, se succèdent à la présidence de cette journée, sous le signe du vin et de la féminité.

Tout d'abord, la dégustation des vins, effectuée à l'aveugle par des jurys exclusivement féminins, est une singularité volnaysienne. A l'issue de la dégustation, vigneronnes, cavistes, sommelières, journalistes et amatrices de vin dévoilent leurs vins préférés.

Attraction pittoresque, très prisée des enfants mais aussi des plus grands, les promenades en calèche, tirée par deux chevaux de trait, proposent une découverte originale et ludique du vignoble.

En fin d'après-midi, la Présidente plante quelques pieds de vigne dans le *Clos de l'Élégance*, située sur la *montagne* de Volnay. Offrant une vue imprenable sur le vignoble, la terrasse du domaine de la Pousse d'Or accueille le dîner de prestige, au cours duquel la nouvelle Ambassadrice des vins de Volnay reçoit plusieurs magnums, grâce à la générosité des domaines volnaysiens.

Gardant en mémoire cette journée inoubliable, les Ambassadrices de Volnay furent heureuses de revenir en terre bourguignonne, et de se rencontrer, lors du dixième anniversaire de l'*Élégance des Volnay*, au mois de juin 2014. Dans la bonne humeur, elles ont constaté que le *Clos* s'était étoffé et que *leur pied de vigne* avait pris de l'ampleur, puis se sont donné rendez-vous pour le vingtième anniversaire !

*

Le plus grand événement de la région est la Vente des Vins des Hospices de Beaune, qui a lieu, chaque année, le troisième week-end du mois de novembre. Fondé en 1443 par Nicolas Rolin et Guigone de Salins, l'Hôtel-Dieu a traversé les siècles de manière remarquable et attire aujourd'hui un nombre colossal de visiteurs.

Sa particularité est de posséder un domaine viticole d'une soixantaine d'hectares, constitué au fil du temps par des donations. Instaurée au milieu du XIXe siècle, la vente de charité la plus célèbre du monde est le point d'orgue d'une semaine très chargée pour les vignerons, qui reçoivent un grand nombre de professionnels, venus du monde entier.

À cette occasion, de nombreuses maisons de vin ouvrent leur cave et proposent de délicieux festins, agrémentés des meilleurs crus bourguignons.

La dégustation en cave des vins des Hospices de Beaune est un moment privilégié. A l'aide de leur *pipette*, les vignerons, responsables de la culture de *leur* vigne, versent quelques larmes de *leur* prestigieuse cuvée aux acheteurs potentiels, professionnels ou amateurs avertis.

Déguster un vin si jeune n'est pas une tâche facile, entrevoir son avenir et son potentiel requiert de l'expérience. Autrefois, baromètre des négociations entre vignerons et négociants, la vente actuelle ne reflète plus les tendances du marché.

Parallèlement, se tient à la périphérie de la ville, au palais des congrès, la grande dégustation des propriétaires, qui permet de découvrir les vins nouveaux.

Provenant de toute la Bourgogne, ces vins âgés de quelques semaines, regroupés par village, sont servis par les vignerons, dans un premier temps aux professionnels, friands de découvrir en peu de temps les caractéristiques d'un grand nombre d'appellations et de se forger une opinion sur le millésime, puis, dans un second temps aux amateurs, heureux de déguster des vins de haute renommée.

Dans les années cinquante, la Vente aux enchères avait lieu dans l'ancienne cuverie des Hospices, située dans la troisième cour de l'Hôtel-Dieu, et la dégustation des propriétaires, sous les halles beaunoises.

Avec malice, la ville accrochait, sur la façade extérieure de celles-ci, des peintures représentant les clochers des différents villages, penchés d'un côté ou de l'autre. Combien de visiteurs sont sortis de la dégustation, en admirant les beaux clochers, sans s'apercevoir de la ruse, sous le regard amusé des vignerons, qui pouvaient mesurer les effets enchanteurs de la dégustation !

En 1959, la Vente aux enchères se déplaça sous les halles de Beaune, car, pour la première fois, la capacité de stockage de la cave étant insuffisante, la cuverie hébergeait une partie de l'abondante récolte de qualité exceptionnelle. La dégustation des propriétaires fut alors organisée dans la salle des fêtes de l'Hôtel de Ville. Ces lieux furent maintenus les années suivantes.

Dès le samedi matin, le cœur de la vieille ville s'anime. De nombreux bancs s'installent au gré des rues et des places. Certains proposent des châtaignes grillées, des confiseries de toute sorte ou des produits fermiers, d'autres des créations artisanales diverses et variées.

Tout au long des rues habillées de verdure et de lumières scintillantes, des dégustations de vin allèchent le badaud. Ces décorations lumineuses transforment le froid en convivialité chaleureuse et propice à la fête. Simples ou recherchées, les vitrines des commerçants sont très soignées, certaines évoquent la Bourgogne et ses vins, d'autres sont originales ou décalées, elles ravissent les flâneurs.

Attirant de nombreux enfants, le carrousel 1900 de la place Carnot tourne sans répit. La voiture ancienne et l'éléphant sont pris d'assaut. Sans lassitude, les chevaux de bois montent et descendent, la balancelle hoche la tête, le tourniquet lancé à vive allure ravit les plus grands, alors que les canards et les cygnes restent placides, sous les caresses et les tapes des plus jeunes.

Lorsque le pompon sort, les cris se multiplient. Après une lutte acharnée, le vainqueur brandit son trophée avec fierté, la joie resplendissant sur son visage. Admiratifs, ses parents l'applaudissent. Puis, le ravissement se transforme brutalement en déchirement. Ragaillardi par la promesse de revenir, l'enfant quitte le plus souvent ce paradis éphémère un ballon à la main.

Une mélodie singulière interpelle les promeneurs, qui découvrent l'insolite orgue de Barbarie, richement décoré. Inlassablement, le tourneur actionne la manivelle et, au rythme de la musique, des automates dansent sous le regard fasciné des enfants. Cette belle boîte mystérieuse dévore les cartons perforés, avant de les replier sur la face opposée. Les adultes se laissent emporter par la magie de ces sonorités enchanteresses, évocatrices de moments de fête de leur enfance.

De-ci de-là, quelques artistes, jongleurs, acrobates, mimes… offrent de brefs spectacles divertissants, qui captivent les passants.

Le dimanche après-midi, sous les halles en tenue d'apparat, se déroule la célèbre vente aux enchères. Face à la tribune, assis les uns à côté des autres, les acheteurs de toutes nationalités sont très attentifs. La bougie s'éteint, « *vingt mille une fois, vingt mille deux fois* », le marteau frappe le pupitre, « *adjugé vendu* » annonce le commissaire priseur, d'une voix ample et retentissante. Les noms évocateurs des cuvées, Dames Hospitalières, Dames de la Charité, Guigone de Salins, Nicolas Rolin... sont égrenés au rythme des mains qui se lèvent dans l'assemblée.

Afin de vivre le temps fort de l'après-midi, la vente de *la pièce des présidents*, les badauds s'agglutinent devant les grandes baies vitrées. Conviés au pupitre de la tribune, les invités d'honneur usent de leur charme et de leur charisme : une chanson, une note d'humour, une promesse, une idée saugrenue, tout est tenté pour faire monter l'enchère de la *pièce de charité* le plus haut possible. Sous les applaudissements, les invités d'honneur remercient chaleureusement l'acquéreur. Puis la vente reprend son cours et se termine dans la soirée.

Pendant ce temps, un défilé à la gaieté folâtre sillonne les rues de la vieille ville. Les groupes folkloriques, venus de diverses régions, enchaînent bourrées et rigaudons. Lors des danses sautillantes et trépidantes, les robes traditionnelles virevoltent, les sabots frappent le sol et parfois les chapeaux s'envolent. S'ensuit un cortège de fanfares et de cliques locales, un flot de musique rythmée envahit les rues fourmillantes.

L'ambiance est à la bonne humeur, aux rires et aux moqueries. Ici ou là, quelques notes plus ou moins justes de chansons vineuses, émises à gorge déployée ou éraillée, se détachent du brouhaha de voix. Une joyeuse insouciance se répand dans la foule, une douce ivresse règne sur la ville, qui s'endort tardivement.

*

Le lendemain, les vignerons de Meursault s'affairent. En fin de matinée, la majestueuse cuverie du château ouvre ses portes pour accueillir la *Paulée de Meursault*, qui attire un grand nombre de connaisseurs, comblés par la convivialité et la générosité des vignerons.

Initialement, la *paulée* était (et reste encore aujourd'hui) le repas célébrant la fin des vendanges. Cette idée d'organiser un banquet, au cours duquel chaque participant apporte des bouteilles de sa cave personnelle, qu'il partage avec les convives de sa table, fut immédiatement un succès et acquit, au fil des décennies, une renommée internationale.

Au cours du repas, cent bouteilles de Meursault sont offertes au lauréat du prix littéraire, décerné à un écrivain émerveillé par la singularité de ce moment hors du temps et dont la voix, lors de ses remerciements à l'assemblée, laisse transparaître une émotion sincère. Jovial et chaleureux, ce festin est unique.

Lisible sur les visages radieux, le partage de l'amour du vin relie les cœurs rayonnants de joie des commensaux enchantés, qui posent régulièrement leur verre, pour lever les mains et entonner le *ban bourguignon* à pleine voix, *la la, la la, la la la la lère...*

La nuit tombée, ces agapes fraternelles, qui ont scellé de nouvelles amitiés, se poursuivent dans les caves des vignerons accueillants, d'où retentissent des éclats de voix joyeux. Lors des adieux, chacun nourrit l'espoir secret de revenir l'année suivante.

Paulée d'autrefois terminée
Paulée d'aujourd'hui commencée
Paulée de demain souhaitée
Que vive à jamais la Paulée !

De nos jours, le nom de *Paulée* est donné à de nombreux repas prestigieux, organisés dans la région, en particulier au mois de novembre, lors de la Vente des Vins des Hospices de Beaune.

A l'initiative de Daniel Johnnes, francophile, amoureux des vins de Bourgogne, la *Paulée* essaima aux Etats-Unis, à New-York ou à San-Francisco selon les années, permettant, dans une ambiance festive, à de nombreux Américains de savourer une cuisine française, raffinée et originale, accompagnée de vins de Bourgogne, en présence de vignerons bourguignons.

Invité à la *Paulée* de New York, au mois de mars 2015, afin de fêter son soixante-cinquième millésime, mon père, ravi mais ému de partager ce moment inattendu, fut très touché de l'hommage, qui lui fut rendu lors de cette soirée inoubliable.

« C'est un immense privilège de connaître une vie longue et sereine, mais c'est encore un plus grand privilège de pouvoir continuer de vivre sa passion à travers les générations suivantes, tout aussi motivées par la recherche de l'excellence.
Les joies du métier peuvent continuer de se vivre indéfiniment... La convivialité et le bonheur, qu'offre le partage d'un grand vin, ne connaissent pas de limite d'âge, mais, à l'inverse, permettent d'accepter le cœur léger et l'âme apaisée l'évolution inéluctable de la vie...» conclut mon père, confiant en l'avenir, profitant pleinement de l'instant présent, le cœur empli de gratitude et de reconnaissance face à la Vie. A ces mots, son regard de velours et son sourire débonnaire illuminent son visage.

Sommaire

Edition : Books on Demand,
12/14 rond-Point des Champs-Elysées, 75008 Paris
Impression : BoD - Books on Demand, Norderstedt,
Allemagne
ISBN : 9782322166442
Dépôt légal : Novembre 2018